L'INSPECTEUR

DES
FONDS DE TERRE,

OU

REMARQUES HISTORI-
QUES ET CHRONOLO-
GIQUES, ſur la matiere de
leur adminiſtration & de leur
régie.

*POUR ſervir de continuation à
l'Art de l'Archiviſte François.*

PAR l'Auteur des Avis & Mémoires inſ-
tructifs ſur les avantages des inventaires généraux des titres & papiers
tant anciens que nouveaux,

Par Carpentier.

Regis ad exemplum totus componitur orbis.

Prix. . . . 24 ſous.

A PARIS,

Chez P. F. GUEFFIER, au bas de la
rue de la Harpe.

M. D. CC. L. XXI.

Avec Approbation & Permiſſion.

L'INSPECTEUR

DES

FONDS DE TERRE.

LA Souveraineté essentielle est en Dieu comme dans sa source.

De celle que nous révérons ici-bas se forment des ruisseaux qui en coulent ; elle descend du ciel sur la terre , & se répand en diverses manieres dans les créatures, selon la subordination qui est nécessaire pour le gouvernement de l'univers.

Elle se communique pour l'ordinaire primitivement, & immédiatement aux Monarques & aux Princes, & quelquefois au corps universel du peuple qui la remet volontairement à des Magiſtrats qu'il choiſit , & la réduit dans là forme du gouvernement qui lui paroît plus con-venable pour ſa félicité.

Il y en a quelques-unes qui ſont abſo-lues , & ne relevent que de Dieu (1) , d'autres qui ſont ſouveraines à l'égard de leurs ſujets , mais avec quelques liens de dépendance d'une puiſſance ſupérieute , & comme celles-là dérivent immédiate-ment d'une puiſſance infinie ; celles-ci en procedent graduellement par le canal de la ſouveraineté , à laquelle elles ſont ſubordonnées ; c'eſt ſa regle , & ſon ori-gine , elle n'a de pouvoir ni de juriſ-diction que celle qui lui provient par cet organe , parce que n'étant rien d'elle-même que par la volonté de celui qui l'a inſtituée , elle ne peut exercer un autre droit que celui qu'elle en a reçu.

---

(1) Clément V. a avoué l'autorité des Rois de France être ſouveraine & n'être ſoumiſe qu'à Dieu, par bulles. *Voyez* les Recherches & Anti-quités de la France, par M. Ducheſne , page 141.

Si les Souverainetés se régloient autrement, ce seroit une chose aussi monstrueuse que si les Rois vouloient prescrire des bornes à la providence de Dieu, ou voir les ruisseaux retourner contre leur source : l'ordre du monde qui subsiste uniquement par ces dégrés de servitude, de dépendance, de sujétion du moindre au plus grand, seroit tout-à-fait renversé ; les valets deviendroient maîtres, les Souverains seroient sujets, & les Souverainetés héréditaires seroient de même condition que les villages & les métairies.

Quel désordre seroit-ce dans l'homme, si l'œil ou la main manquoit de suivre les impulsions de l'ame ? Cette partie désobéissante & rebelle seroit morte, ou du moins seroit atteinte de paralysie, & si ensuite le corps tomboit dans une révolte universelle contre l'esprit de l'homme, toute la symétrie de sa conformation en seroit renversée ; les sens donneroient la loi à la raison, l'appétit sensuel seroit la regle de la volonté, les mouvemens du corps enfin ne seroient plus compaſſés avec ceux des membres.

La loi éternelle qui eſt la ſageſſe même de Dieu, eſt la regle de toutes les loix : & comme elle eſt proprement l'idée de la loi des Souverains ; ainſi celle des Souverains eſt le modéle des particulieres, qui pſennent d'elle toute leur force & leur vigueur : en un mot, ſi l'égal n'a point d'empire ſur ſon égal, il ſeroit bien plus déraiſonnable que l'inférieur en eût ſur celui qu'il reconnoît pour ſon maître, & que les coutumes & les réglemens particuliers établis entre les ſujets, preſcriviſſent aux Souverains l'ordre de s'y conformer.

Tour ce qu'il y a donc de juriſdiction & de puiſſance dans les fiefs ſubalternes, ſe rencontre d'une maniere plus excellente dans le fief dominant : & tout ce qu'il y a de ſervitude, de dépendance & de ſujétion, ne regarde point la ſouveraineté & ne peut rejaillir ſur elle de bas

en haut : ce font des reftrictions & limi-
tations qui ne peuvent procéder que d'une
puiſſance plus élevée , de ſorte que les
fiefs - Souverains qui relevent d'une
jurifdiction plus haute , ne peuvent re-
cevoir de bornes à leur autorité que du
Seigneur direct, qui ſe doit encore régler
en cela ſelon l'étendue du pouvoir qu'il a
ſur eux & ſelon leur inſtitution primitive,
ne pouvant leur impoſer de nouvelles
charges que celles dont ils ont d'abord
convenu en réglant le fief dès ſon origine.

Mais des hommes armés uniquement
de leurs intérêts perſonnels, ſont ils aſſez
vigilans & inſtruits, pour traiter aujour-
d'hui d'un eſprit impartial & pacifique
les conteſtations & les différends, qui s'é-
levent journellement ſur la matiere des
fiefs , principalement ſur l'application
aux fonds de terre des titres anciens &
nouveaux, ſur-tout lorſqu'ils different les
uns des autres (1) ?

____

(1) Queſtion importante qui fait naître ſans

Non sans doute, il faut d'autres principes dont la solide vérité puisse servir de
base à toutes les opérations de ces hommes, & ces principes dans leur ordre
progressif se réduisent & concourent à
faire éclater la gloire, l'ornement & la
richesse de l'Empire françois.

La France conserve sur cet objet pour
son utilité quelque reste de ces principes
autrefois en usage chez les Romains ; &
si la Province du Languedoc en a ressenti
du préjudice sous le regne d'heureuse
mémoire du bisayeul Roi (1), par son
Edit de 1690, supprimé par celui de
1698, la Province de Guyenne nous ap-
prend que l'usage de ces principes étoit

---

cesse tant d'Arrêts, Jugemens & Sentences, sin-
guliérement la nécessité des contrats ou traités
publics & secrets, à cause de la foiblesse de la
mémoire & l'infidélité des gens de mauvaise foi.

(1) Louis XIV cet auguste Monarque, digne fils
d'un des Princes les plus éclairés qui aient illustré
la Maison Royale.

Ce grand Prince, l'amour de la Nation, dont
le souvenir s'est consacré dans tous les cœurs.

TABLEAU de comparaison des dénombremens du Royaume.

L'ÉGLISE DE FRANCE est composée de 19 Archevêques métropolitains, auxquels le Roi nomme, ainsi qu'aux 110 Evêchés leurs suffragans, 12400 Prieurés & 15200 Chapelles.

Suivant l'Auteur de la France Ecclésiastique, il y a dans le Royaume 34498 Cures ou Paroisses, & 4644 Annexes.

Quant au Clergé régulier, on est en état d'avancer qu'il y a:

16 Chefs d'Ordres ou Congrégations.

1100 Monasteres & Abbayes d'hommes rentés, y compris 16 grandes Abbayes royales. Le Roi nomme à 678 de ces Abbayes, qui sont en commende, & confirme les élections des autres.

1520 Couvents de Religieux Mendians, divisés en 87 Provinces monastiques.

557 Monastères & Abbayes de Religieuses rentées, dont 250 à la nomination du Roi.

3800 Couvents ou environ de différens Ordres religieux des deux sexes.

Il y a en outre dans ce Royaume 240 Commanderies de l'Ordre de Malthe, 190 pour les Chevaliers, & 50 pour les Chapelains & les Servans d'armes: dans les Commanderies des Chevaliers sont compris 6 grands Prieurés & 4 Bailliages.

Suivant le Dictionnaire des Gaules & de la France, par M. l'Abbé Expilly, on compte en France environ 70000 Fiefs ou Arriere-fiefs, dont 3000 ou environ, sont en Fiefs titrés, tels, par exemple, que les Principautés, les Duchés*, les Marquisats, les Comtés, les Vicomtés & les Baronnies.

NOTAMMENT

En Duchés-pairies	119
En Comtés-pairies	52
En Duchés non pairies	44
En Duchés-pairies non enregistrées	50
TOTAL	235

{ 171 } Titres de Duchés-pairies non éteints & réunis à la Couronne.

Dont en titres de Duchés-pairies sont éteints ou réunis à la Couronne ... 64

Partant, il n'en reste plus que ... 171

On compte aussi dans ce Royaume, suivant le même Auteur, 4000 familles ou environ d'ancienne noblesse, & environ 90000 familles nobles, qui donnent au moins 400000 têtes ou personnes, dont 100000 ou environ, toujours prêtes à marcher au premier ordre pour le service du Roi & la défense de la patrie.

Et 77000 Justices & Jurisdictions, tant supérieures que subalternes.

* Rouanés ou Rouannois est la premiere Duché-pairie qui fut érigée par nos Rois en faveur de plusieurs Seigneurs qui n'étoient point Princes; mais cette érection, faite par François I, au mois d'Avril 1519, n'eut point lieu en faveur d'Artus Gouffier, seigneur de Boissy, parce qu'il mourut au mois de Mai suivant.

encore bien plus étendu dans le quator-
zieme siécle.

Le droit féodal en un mot n'a été con-
nu & établi qu'après la destruction de
l'Empire Romain , & sur le déclin de cet
Empire les Gentilhommes jugeoient déjà
en France les causes de leurs compa-
gnons : de-là l'origine de la Cour des
Pairs & Barons, & des Parlemens ensuite,
qui sont les contrats faits par le Roi avec
le peuple pour son soulagement.

Ces principes sont donc absolument
indispensable , la connoissance de leur
origine & de leur distinction de toute
nécessité ; parce que les fonds nobles sont
beaucoup plus précieux que les allodiaux,
& ceux-ci que les roturiers (1).

En effet selon le droit naturel , d'où

______

(1) On peut consulter à cet égard les traités
des vieux usages des fiefs & des droits Seigneuriaux , composés par Dumoulin , d'Argentré ,
Loiseau, Laplace , Boutaric, & autres Auteurs
les plus célebres , sans oublier Chopin sur la
matiere des Domaines.

A v

dérivent tous les autres droits, les fonds devroient être libres ; mais comme ils ne peuvent appartenir à un seul Propriétaire ou à un seul Cultivateur, l'ordre & la nécessité de leur division les a assujettis à des servitudes (1) exigibles pour l'utilité des différens possesseurs & l'harmonie du Royaume.

PAR EXEMPLE.

La prestation du serment de foi-hommage, ou de fidélité envers le Roi, ou les autres Seigneurs suzerains, successivement, selon les titres & la coutume des lieux de la situation & de la supériorité des fonds.

De-là l'origine des fiefs & arriere-fiefs, ainsi nommés, & de l'aveu & dénombrement, & de toutes les autres formalités, afin de conserver à la Couronne la dépendance de ces véritables fondemens de la Monarchie françoise, de la

---

(1) Nulle servitude sans titre.

quelle tous les possesseurs de fiefs sont les premiers protecteurs (1).

De-là même l'origine des droits des personnes nées pour la servir & la défendre.

Ensuite la guerre, les arts, les sciences utiles & frivoles firent croître de jour en jour l'imagination dans le commerce des Monnoies, &c.

De-là la création & l'hipothéque sur ces fonds mêmes des droits utiles , (tels que les cens, rentes, lods & ventes, &c.) certains, mixtes ou casuels.

De-là le droit de franc-fief établi dans le treiziéme siécle sous le regne de Philippe III, pour servir de frein à l'ambition des roturiers qui acquéroient tous les fiefs nobles.

Enfin de-là le droit d'amortissement, pour arrêter la cupidité des gens d'Eglises, Monasteres, Chapitres, ou Com-

______

(1) Voyez le Tableau de comparaison des dénombremens du Royaume ci-présente.

munautés Laïques & Ecclésiastiques, Sé-
culieres ou Régulieres , qui ne vivoient
d'abord que de l'offrande des fidéles , &
à l'égard desquels on ne sçauroit trop ad-
mirer la sagesse de l'Edit de 1749 , indé-
finiment prohibitif aujourd'hui pour toutes leurs acquisitions (1).

Mais la barbarie des tems à la traverse
de toutes ces révolutions , ne fit qu'ac-
croître la difficulté de distinguer & reconnoître sans le secours des titres anciens & nouveaux , & des limites , les
fonds sur lesquels ces droits honorifiques
& utiles de toute nature furent assignés.
La raison fut obligée de céder à la force
qui fixa les limites. Par les titres en un

---

(1) Ce qui prouve que les gens d'Eglise dé-
rogeoient alors à l'esprit de leur Fondateur , &
qu'ils doivent être beaucoup plus riches aujour-
d'hui , qu'ils n'ont jamais été pauvres ; pour
mieux en convaincre le Lecteur , il lui plaira re-
marquer la confirmation de cette preuve dans
le cours du dixiéme & dernier article qui ter-
mine ce petit ouvrage.

mot on distingua les fonds : ces titres expriment leur étendue & leur situation, leur dénomination, leur contenance, leurs confins, leurs bornes , & leur possession soutenues de leur reconnoissance.

Malgré toutes ces précautions militantes à la faveur des titres des fonds , combien d'obstacles ne trouve-t-on pas encore , lorsque l'on veut fixer & déterminer leur étendue portée dans les titres différens les uns des autres ?

Les mutations continuelles des possesseurs ; pour découvrir aujourd'hui ces mutations , on ne trouve encore que des renseignemens tout-à-fait insuffisans dans les regîtres même des droits de franc-fief & du centiéme denier (1).

Les variations dans les dénominations des fonds occasionnées par les diverses

______

(1) L'ordonnance favorise pourtant le Commis de droits de recherches & de délivrance d'Extraits assez honnêtes , vû la multitude prodigieuse des objets & leur cours ordinaire de commerce,

unions des familles : la négligence , l'i-
gnorance , souvent l'impuissance des Propriétaires , la perte des titres , le laps de
tems , les améliorations , les détériora-
tions des héritages , tout enfin contribue
à rendre difficile , quelquefois même im-
possible, d'appliquer l'étendue des fonds
aux titres.

Un plan figuré , visuel , ou géométri-
que , levé le plus souvent par un Arpen-
teur, qui n'acquiert l'expérience du local
des fonds, que par l'étude d'un très-petit
nombre de titres généraux ou particuliers, dont il ne doit encore l'intelligence
qu'à des indicateurs toujours assez sus-
pects en pareil cas , peut-il donc remé-
dier à tous ces obstacles qui requiérent la
démonstration des preuves les plus sa-
crées selon le vœu unanime des plus ex-
perts (1), dans la connoissance parfaite

____

(1) Entr'autres , l'Abbé Carpentier le Conti-
nuateur des Glossaires , dont l'Auteur a seulement le désir de profiter de ses profondes lumiè-

des titres anciens & nouveaux , sur la
matiere des fonds & de toutes celles qui
y sont analogues , ou plutôt qui en éma-
nent sans contredit ?

Si l'on n'avoit point négligé de faire
renouveller exactement les titres de con-
cession ou de propriété , lors des change-
mens qui sont survenus , & de dresser
des Tableaux chronologiques de comparaison des diverses variations ci-dessus
détaillées ; ce seroit autant de signes vi-
vans & immortels de tous droits , & la
bonne foi n'en seroit que plus affermie.

L'Inspecteur des fonds & droits divers ,
n'en seroit ni plus ni moins instruit &
habile sur leur état , & la condition des
familles nobles même.

L'art d'examiner , comparer , & véri-

---

res dans les occasions où l'état que la Providence lui réserve pourront l'exiger , sur-tout dans
l'ordre civil auquel il se sent destiné.

fier les noms, surnoms (1), armes, cris, devises (2), qualités, dignités, rangs, honneurs, prééminences & préséances.

---

(1) Quintilien, César, Cicéron, & tous les plus grands hommes de l'antiquité, ont toujours remarqué la confusion qui subsiste parmi les noms, surnoms & les mots, sur-tout pour leurs terminaisons, syllabes ou diphtongues initiales & finales, & les réformes dans la façon de les prononcer & écrire. Voyez Lemoine, Guillaume, & Orderic Vitale, Histoire de Normandie, page 268 & 1031 de l'édition de Duchesne, parlant de la maison du fameux Vauquelin, le Rédacteur de la coutume de Normandie, qui depuis a été reçue en Angleterre, où elle est actuellement suivie.

(2) Autrefois les sujets & les places les plus augustes étoient honorés de devises énigmatiques, d'inscriptions ou légendes ingenieuses. Les Princes & les Officiers de leurs Couronnes, les Seigneurs & les Chevaliers remarquables par leur naissance, leur fortune & par leurs emplois, dans les fêtes de la Cour & les cérémonies publiques, dans les Hôtels & Châteaux, sur les meubles, les plus précieux, enfin ces devises &

L'espece de jurifdiction exercée fur les nobles en 1618, (1) à l'inftar de celle de nos Seigneurs les Maréchaux de France : mais ce tribunal connoiffoit fans appel des procès élevés entre les nobles fur les actes de foi & hommage, ferment de fidélité, aveux & dénombremens, chaffés, pêches, droits honorifiques dans les Eglifes, armoiries & matieres féodales.

L'Arrêt de la Cour du Parlement du 2 Septembre 1628, qui ordonne que les baux des Seigneuries de la Couronne & du Royaume, ne peuvent être faits par les Seigneurs engagiftes devant No-

---

ces infcriptions ou légendes formoient une partie de l'appareil, même dans les armées. La France ne fixoit pas moins alors l'admiration & le bon cœur des étrangers par fon feu, fon activité, & par la jufteffe de l'exécution de fes inventions & de fes découvertes.

(1) Voyez le Dictionnaire de la Diplomatique-pratique, *in*-4°. de Lemoine Archivifte, page 349, let. F. au mot *faulté* ou *faultei*.

taires, mais par-devant les Juges Royaux des lieux de leur situation.

L'Arrêt du Conseil d'Etat du Roi du 18 Juillet 1646, qui défend à tous Gentils-hommes & Officiers, de s'entremettre directement ou indirectement des baux à ferme, des dixmes, champarts & autres revenus des Ecclésiastiques par eux ou par personnes interposées pour y participer, même du consentement desdits Ecclésiastiques.

L'art. 3 du tit. 9 de l'Ordonnance de 1667, par lequel les Seigneurs qui prétendent leurs droits & redevances seigneuriales, sont tenus de vérifier les confins de leurs fonds, afin de les appliquer aux titres qui les constituent, en un mot de confronter, limiter, désigner & fixer la contenance des héritages, de maniere que le censitaire puisse les reconnoître.

La Déclaration du Roi de 1690, qui a obligé tous Bénéficiers, Curés, Prieurs & autres Ecclésiastiques, de faire la déclaration exacte des revenus & des char-

ges de leurs bénéfices , & qui les affujet-
tiffoit à la renouveller tous les cinq ans
au Greffe où l'on paffoit ces fortes de
Déclarations ; mais cette Déclaration eft
tombée en deffuétude , & on n'y a plus
d'égard aujourd'hui ; cependant en 1727
& 1728 il s'en trouve dans la chambre
Eccléfiaftique de chaque diocèfe où font
fitués les bénéfices affujettis aux déclarations femblables aux précédentes.

L'Arrêt du Confeil d'Etat du 15 Février 1707 , qui ordonne que , les Extraits de baptêmes , mariages & fépul-
tures qui feront produits dans les inftan-
ces de nobleffe , feront contrôlés , conformément à l'Edit du mois d'Octobre
1706 , & qui difpenfe néanmoins dudit
contrôle , ceux produits avant la date
du préfent Arrêt.

Et le Réglement enfin de 1759 , con-
cernant les preuves légales de la haute
nobleffe , feroient fans ceffe des principes
affez auguftes & précieux pour foutenir le

luftre de la naiſſance par le véritable mérite.

Les pupilles dans les Provinces où la plûpart des particuliers n'ont d'autres titres que ceux de la poſſeſſion, leurs tuteurs & les familles n'auroient pas à regretter l'exécution de la Déclaration de Sa Majeſté du 24 Novembre 1763; mais elle laiſſoit à deſirer d'embraſſer également l'intérêt du public & des particuliers.

En un mot le Domaine fixe de la Couronne, impreſcriptible comme ſes dépendances, & toutes les formalités pour lui conſerver les droits & les charges qui lui ſont attachés, effaceroit à jamais le moyen odieux d'acquérir par l'effet du tems la propriété des fonds & la libération de leurs droits & charges à l'infini.

Il réſulte donc de toutes ces remarques hiſtoriques & chronologiques & de tout le détail dans lequel on eſt ci-deſſus entré ſur l'objet des fonds ſur-tout :

ARTICLE I.

Que tous Seigneurs ne peuvent prescrire contre leurs vassaux, à cause de la
fidélité réciproque qu'ils se doivent ; à
plus forte raison tous vassaux contre leurs
Seigneurs, non plus qu'entre Seigneurs
& vassaux voisins, si l'on a scrupuleuse-
ment observé l'article de l'Ordonnance
ci-devant rapporté, pour prouver une
possession naturelle fondée sur la bonne
foi d'un ou plusieurs justes titres plus anciens que trois Déclarations de suite souvent usurpées par l'esprit de chicane,
moins flateur que dominant aujourd'hui,
par l'abondance de ses obscurités, des
subtils artifices & des éternels détours de
de ses labyrinthes.

ARTICLE II.

Que la commise s'exerce de plein
droit & de fait, lorsqu'un vassal dés-
avoue son Seigneur.

ARTICLE III.

Que les droits divers féodaux & seigneuriaux ou domaniaux, entr'autres
les cens, sont imprescriptibles, excepté
leur quotité.

ARTICLE IV.

Qu'il faut s'assurer de la possession
originaire des fonds & droits divers &
de leur variation, autant qu'il est possible,
selon les titres translatifs de propriété,
comparés, examinés & vérifiés, en sorte
que le second titre soit une conséquence
de celui qui le précede, & que le troisieme réponde aux deux premiers, & ainsi
de suite.

ARTICLE V.

Qu'il faut aussi se procurer avec facilité des indications sur les objets, à l'égard
desquels le recours aux anciens & nouveaux titres de propriété se trouve nécessaire, sur-tout dans les cas d'omission,
d'erreur, d'infidélité & de défaut de ti-

tres primordiaux, c'est-à-dire d'inféoda-
tion, à cause de la rareté de leur existence,
pour parvenir à constater les variations,
les démembremens & les aliénations, &
suppléer aux atténuations des fonds &
droits divers, réparer enfin les diminu-
tions de leur valeur, selon les différens
cours du commerce des objets.

ARTICLE VI.

Que pour parvenir à lever les incon-
véniens prévus & à prévoir, il faut se
contenter de tirer préalablement à vue
d'œil un plan de tous les objets suscepti-
bles sur le terrain au fur & à mesure,
pour y pouvoir en même-tems appliquer,
plus aisément ensuite, les titres anciens
& nouveaux, & par ce moyen applanir
absolument toute contradiction de contenance, de tenant, aboutissant & d'é-
numération de tous fonds & droits
divers : mais toutes ces opérations
exigent pour l'ordinaire qu'elles soient
distribuées par divisions générales & sub-

divisions particulieres, qui leur dirigent différentes classes principales & propres aussi méthodiquement qu'il est ici possible de les présenter sous les yeux dans le plan (1) ci-démontré pour essai seulement.

----

(1) On ne fait en ce plan aucune mention des titres propres & particuliers aux gens d'Eglise, entr'autres aux R. B. dont la politique ne permet jamais à ses grands maîtres au fait des titres, que la fouille la plus exacte de toutes les archives du Royaume, pour sans doute se rendre plus redoutable au Corps civil des Jurés-Experts Vérificateurs d'écritures, & troubler le repos des familles par leurs prétendus travaux historiques & généalogiques, qui n'en diminuent pas pour cela le désordre qui ne cesse de subsister impunément dans leurs archives par leur défaut de confiance, dans leurs propres sujets, leur avarice & leur envie pour les autres moins intéressés qu'eux à tous égards.

Voyez la troisieme des lettres sur la vérification des écritures arguées de faux, pour servir de réponse à celle de M. B ***. par M. d'Antrepe Expert Ecrivain, Juré bis Syndic ancien.

ARTICLE VII.

PLAN METHODIQUE,

POUR ESSAI SEULEMENT,

D'arrangemens & inventaires généraux de Titres & Papiers, tant anciens que nouveaux, exact dans le deffein, facile dans l'exécution, jufte dans les conféquences.

DISTRIBUTION DES OPERATIONS.

PREMIERE OPERATION.

Diftinction, arrangement & inventaire particulier, 1°. des Titres de familles, comme Contrats de mariage, Donations, Dons mutuels, Teftamens, Subftitutions, confirmations de Nobleffe, Ventes, Echanges, Partages, Extraits de Baptêmes, Mariages & Sépultures, des Jugemens, des Contrats & autres Actes, qui, rangés par ordre de dates ou matieres, ferviront à la généalogie de la maifon ou familles; 2°. des Chartres des Souverains, c'eft-à-dire, des Diplômes des Empereurs, Parentes des Rois, Lettres des Ducs, &c. Bulles des Papes, Chartres d'Evêques, &c. 3°. des Fondations; 4°. & des monumens hiftoriques.

Nota. Il faut avoir attention d'extraire de tous ces titres l'énonciation de tous les privileges & droits honorifiques & utiles, pour les reprere, fi befoin eft aux différens articles qui les concernent, fans une note de renvoi indicative de la place des originaux.

SECONDE OPERATION.

Divifion générale de toutes Seigneuries patrimoniales, &c. par armoires, cartons ou liaffes, &c. particulieres.

TROISIEME OPERATION.

D'après le dépouillement de l'un des derniers comptes de recette pour tous les articles différens d'une même paroiffe, & à l'aide des plans figurés, commencer toujours par le chef-lieu, l'ordre des claffes, liaffes ou cottes & numéros.

Subdivifion particuliere dans la fcience des détails, par ordre de Seigneuries, Fiefs, Villes, Bourgs, Paroiffes, Villages, Hameaux, Terroirs ou Cantons, & de matieres, c'eft-à-dire, par cafes ou tiroirs, boîtes, cartons ou tablettes, appellées layettes ou liaffes, dont chacune porte le nom & l'étiquette de la matiere particuliere, comme par exemple.

SEIGNEURIE de	PAROISSE de
PREMIERE LIASSE.	N°. 1.

TITRES GÉNÉRAUX DE PROPRIÉTÉ.

SEIGNEURIE & Droits honorifiques en général, &c.
DOMAINE & Droits utiles, &c.
DROITS & Biens divers, &c.

Nota. Il faut affurer leur poffeffion originaire, leur variation, autant qu'il fe peut, dans les différens ordres ci-deffus, & du Tableau ci-deffous.

QUATRIEME OPERATION.

DISTINCTION PRINCIPALE.

1°. des Titres qui font propres au Seigneur, & qui n'ont rien de commun avec les Vaffaux.

2°. De ceux qui concernent le Seigneur & les Vaffaux.

TABLEAU des Titres, diftingués en deux Claffes principales;

SAVOIR:

PREMIERE CLASSE.	DEUXIEME CLASSE.
Les Partages, Décrets, Acquifitions, Donations, Echanges, Retraits féodaux, Réünions, Confifcations, Bâtardifes, Déshérences, &c.	Les anciens Terriers.
Lettres d'érections en Duché, Marquifat, &c. & autres conceffions & privileges accordés par le Roi à la Terre en général.	Les Saifies féodales & roturieres.
Les Fois & Hommages, Aveux & Dénombremens rendus par le Seigneur.	Les Fois & Hommages rendus par les Vaffaux.
La Collation des Cures.	Les Aveux & Dénombremens pour le Noble, qui fe trouvent ifolés des anciens Terriers.
Les Offices & l'adminiftration de la Juftice.	Les Déclarations pour le Roturier, qui fe trouvent dans le même cas.
Les Greffes, Notariats, & les droits de Sceaux, &c.	Les Baux emphitéotiques, les Baux à fief ou à cens.
Les Procès-verbaux d'arpentage du Domaine non fieffé, & de plantement de bornes & limites.	Les Voieries ou Péages.
Les Baux à ferme, les Adjudications de Bois.	Les conteftations pour Pêche & Chaffe.
Les Etats de charges locales, & les Pieces qui y ont rapport, comme Quittances, &c.	Les droits de Foires & Marchés, les droits de Bannalités.
Et les Etats de conftruction & réparation, & Marché des Ouvriers, &c.	Les droits de Poids & Mefures.
Les Doffiers de Procès, Sentences, Arrêts & Tranfactions, qui ne font point communs au Seigneur avec les Vaffaux.	Les autres droits feigneuriaux, fuivant les Coutumes des lieux & les privileges de la Terre.
	Les Procès-verbaux d'arpentages & limites, pour raifon des tenures nobles & roturieres.
	Les Journaux, Livres ou Cueilleurs, & les Etats ou comptes de recette & dépenfe.
	Et les Doffiers de Procès, Sentences, Arrêts & Tranfactions entre le Seigneur & fes Vaffaux.

CINQUIEME OPERATION.

Diftribution générale par ordre de dates, fans perdre de vue l'enchaînement progreffif de chaque efpece de droits & matieres, fuivant les Coutumes des lieux, enforte que la deuxieme piece de la liaffe foit une conféquence de celle qui la précede, & que la troifieme réponde aux deux premieres, & ainfi des autres fucceffivement.

SIXIEME OPERATION.

Analyfes fideles, tant en préambule (lorfqu'elles font néceffaires pour l'intelligence des claufes) qu'en contexte, fur des feuilles de papier féparées par préférence aux cahiers, fur lefquels on n'en doit retrancher que les ftyles & les formalités, peu importantes aux droits qu'ils établiffent.

Nota. Quant aux titres qui concernent plufieurs objets, alors on ne doit mettre que l'original & une feule copie dans la layette qui traite de la matiere principale du titre, & féparer les autres copies dans les autres layettes qui l'exigent, en apoftillant cette note fur la marge de chaque copie, comme par exemple,

L'original eft en la layette de	SEIGNEURIE de
PREMIERE LIASSE.	N°. 1.

SEPTIEME OPERATION.

Mis au net le plus lifible des analyfes, en plus beau papier, en largeur & hauteur, & blanc laiffé fuffifamment à la fin de chaque liaffe ou cotte numérotée par premiere & derniere piece, d'environ plus ou moins de pages, felon l'objet, pour y ajouter au fur & à mefure les titres nouveaux qui doivent l'être.

HUITIEME ET DERNIERE OPERATION.

Table alphabérique qui repréfente d'un coup d'œil tous les droits généraux & particuliers contenus dans tous les titres & papiers.

OBSERVATIONS.

Ce Plan eft ici pleinement foumis à l'arrêt du lecteur laborieux, pour juger combien cet affemblage doit coûter, combien les opérations en font dures & ingrates, & combien il eft permis d'être fatisfait de l'avantage de les avoir commencées & achevées dans maintes Maifons, où l'on a promis de garder le fecret[*] & la fidélité qu'exigent les fonctions des perfonnes qui font faites par état & par goût pour fervir au bien public, & s'encourager dans les travaux utiles & férieux, puifque la vie eft fi courte pour s'occuper de frivolités.

On trouvera peut-être que je fuis trop concis, mais on fe fouviendra que les paroles font des oifeaux, felon l'opinion de quelques Arabes, qu'elles ont des ailes, felon la penfée d'Homere, & qu'il n'eft pas facile de les retenir quand la porte leur eft une fois ouverte.

[*] La Rofe n'eft jamais plus belle que lorfqu'elle s'ouvre moins.

Article VII.

Que pour entrer dans une plus grande
explication au defir des amateurs de ces
travaux, & les manifefter avec l'intelligence la plus facile, il faut les déterminer en fonds & droits divers conftatés
par les titres & la coutume du lieu de
leur fituation, qui prefcrivent les regles
particulieres de leur adminiftration, fur-
tout quand on eft en droit d'en requérir
l'exécution.

Article VIII.

Qu'à l'égard des droits féodaux, fei-
gneuriaux ou domaniaux tout-à-fait né-
gligés ou non acquittés exactement, il
faut en opérer la liquidation pour en ac-
célérer le recouvrement, de maniere que
l'on puiffe faire librement les remifes de
droit au cas d'ignorance involontaire &
de perfuafion de bonne foi que l'on n'en
eft point tenu; alors les droits de reliefs,
& tous autres peuvent être liquidés fur
les véritables produits des fiefs, domai-

B

nes, fonds & droits divers, & il ne reste
plus qu'à s'exercer à calculer les produits
avec les contenances, qualité, nature &
situation ; mais dans les cas d'inexacti-
tude & de non conformité, la prudence
doit imposer le soin indispensable de
prendre des éclaircissemens sur les lieux,
soit par soi-même, soit par autrui sur la
véritable valeur de tous les objets en
général.

Article IX.

Que tous les titres de droits de ban-
nalité, comme moulins, fours, pressoirs,
corvées, colombiers à pieds, &c. sont
réputés valables & anciens s'ils ont été
passés avec tous les habitans ou la tierce
partie, comme y étant tous intéressés
vingt-cinq ans au moins avant la réfor-
mation de la Coutume de Paris, faite
l'an 1580.

Article X & dern.

Enfin que l'on doit être en garde sur
les fiefs prétendus par les gens de main-
morte.

Que l'on peut les obliger tous de rendre au Seigneur haut-justicier une déclaration séche.

Que s'ils veulent établir un fief, ils font obligés d'en justifier par des aveux & dénombremens rendus ou au Roi, ou à quelque Seigneur : car ce n'est que par-là & non par la perception des cenfives que l'on justifie d'un fief.

Qu'il arrive souvent que les Bénéficiers accensent les fonds de leur dotation, lesquels fonds pour la plûpart ne leur ont été donnés qu'en franche aumône (1).

Que dans ce cas la réserve qu'ils ont faite des cens & lods & ventes, ne doit point préjudicier au Seigneur, & ne doit être regardée que comme rentes secondes.

Que le Seigneur a droit de jouir sur ces fonds & domaines, ainsi réunis dans le commerce, de la chasse, des censives & des autres droits seigneuriaux.

____

(1) Voyez ci-devant la troisiéme note, au bas de la page 12.

Et qu'en un mot lorsque les Communautés possèdent des fiefs non amortis, on les oblige de fournir un homme vivant & mourant, & on veille sur lui, parce qu'à sa mort il est dû relief.

Tels sont les principes les plus inviolables pour tous propriétaires & possesseurs de fonds, fiefs, terres, seigneuries, domaines & droits divers, honorifiques & utiles, dans l'Empire françois, même de parcelles d'iceux, dont il est rare d'en trouver les titres en regle méthodique, pour les conserver avec la solidité requise & pour les régir légitimement avec facilité.

Nil desperandum Teucro Duce & auspice Teucro.
(Horat. l. 1 Carm. Ode 7.)

F I N.

fentes. Faifons défenfes à tous Imprimeurs , Libraires , & autres perfonnes, de quelque qualité
& condition qu'elles foient , d'en introduire
d'impreffion étrangere dans aucun lieu de notre
obéiffance. A la charge que ces Préfentes feront
enregiftrées tout au long fur le Regiftre de la
Communauté des Imprimeurs & Libraires de
Paris, dans trois mois de la date d'icelles ; que
l'impreffion dudit Ouvrage fera faite dans notre
Royaume , & non ailleurs , en bon papier &
beaux caracteres ; que l'Impétrant fe conformera
en tout aux Réglemens de la Librairie , & notamment à celui du 10 Avril 1725 , à peine de
déchéance de la préfente Permiffion ; qu'avant
de l'expofer en vente , le Manufcrit qui aura
fervi de copie à l'impreffion dudit Ouvrage , fera
remis dans le même état où l'Approbation y aura
été donnée , ès mains de notre très-cher & féal
Chevalier , Chancelier , Garde des Sceaux de
France , le fieur DE MAUPEOU ; qu'il en fera
enfuite remis deux Exemplaires dans notre Bibliothéque publique , un dans celle de notre
Château du Louvre , & un dans celle dudit fieur
DE MAUPEOU ; le tout à peine de nullité des
Préfentes. Du contenu defquelles vous mandons
& enjoignons de faire jouir ledit Expofant &
fes ayant caufes , pleinement & paifiblement ,
fans fouffrir qu'il leur foit fait aucun trouble ou
empêchement. Voulons qu'à la copie des Préfentes , qui fera imprimée tout au long au commencement ou à la fin dudit Ouvrage , foi foit
ajoutée comme à l'original. Commandons au
premier notre Huiffier ou Sergent fur ce requis,
de faire pour l'exécution d'icelles tous actes requis & néceffaires , fans demander autre permiffion , & nonobftant clameur de haro , charte

normande & lettres à ce contraires : CAR tel est
notre plaisir. DONNÉ à Paris, le treizieme jour
du mois de Février, l'an mil sept cent soixante-
onze, & de notre Regne le cinquante-sixiéme.
Par le Roi en son Conseil.

Signé, LEBEGUE.

*Registré sur le Registre XVIII. de la Chambre
Royale & Syndicale des Libraires & Imprimeurs
de Paris, n°. 1498, fol. 448. conformément au
Réglement de 1723, qui fait défenses, art. 41,
à toutes personnes de quelque qualité & condition
qu'elles soient, autres que les Libraires & Imprimeurs, de vendre, débiter, faire afficher au-
cuns livres pour les vendre en leurs noms, soit
qu'ils s'en disent les Auteurs ou autrement, & à
la charge de fournir à la susdite Chambre neuf
Exemplaires prescrits par l'art. 108 du même Réglement. A Paris, ce 4 Mars 1771.*

Signé J. HERISSANT, Syndic.